ALLOCUTIONS ET DISCOURS

PRONONCÉS

A

L'OCCASION DU PASSAGE A LYON

DE

M. LE PRÉSIDENT DE LA RÉPUBLIQUE

LES 15 ET 16 AOUT 1850.

LYON

CHEZ MÉRA, LIBRAIRE,

RUE LAFONT, 4, ET PÉRISTYLE DU GRAND-THÉATRE,

RUE PUITS-GAILLOT.

—

1850.

LYON.

IMPRIMERIE DE LÉON BOITEL,

QUAI ST-ANTOINE, 36.

A L'OCCASION DU PASSAGE A LYON

DE

M. LE PRÉSIDENT DE LA RÉPUBLIQUE,

Les 15 et 16 août 1850.

Allocution adressée par M. le Commissaire ex-traordinaire, Préfet du Rhône, à M. le Président de la République, à son débarquement au port de la Chana :

MONSIEUR LE PRÉSIDENT,

La foule qui se presse sur votre passage, les acclamations qui retentissent de toutes parts, vous indiquent quelle impression produit votre arrivée dans le département du Rhône.

Dans ces cris de joie se confondent les souvenirs d'un passé glorieux et fort, la reconnaissance d'un présent prospère, les espérances de l'avenir.

Mieux initié que moi aux sentiments de la cité, M. le Maire de Lyon va vous dire quelles sont leur ardeur et leur sincérité.

Vous entendrez avec bienveillance, Monsieur le Président, la parole de ce loyal et habile magistrat, dont l'autorité a, comme la vôtre, pour base le libre suffrage et l'affection de ses concitoyens.

Discours prononcé par M. Reveil :

MONSIEUR LE PRÉSIDENT,

Organe du Conseil municipal, interprète des sentiments de tous, j'ai l'honneur de vous dire : Soyez le bien venu !

C'est une grande et féconde pensée qui vous amène au milieu de nous ; celui qui a mission de diriger les destinées de notre beau pays doit le bien connaître ; et vous venez au sein même des populations étudier leur caractère, leurs mœurs, leurs besoins, les éléments de leur prospérité, afin d'approprier à chacune d'elles. les lois d'amélioration et de progrès.

Nous nous félicitons, Monsieur le Président, que cette noble sollicitude vous ait appelé dans notre industrieuse cité, et après un long orage, nous sommes heureux de vous la montrer florissante par le calme que nous ont donné votre prudence, votre énergie, et qu'a su maintenir l'action salutaire de votre esprit conciliateur.

Notre population se presse sur vos pas ; entraînée par le sentiment respectueux de votre haute dignité, mais émue aussi au souvenir du grand nom que vous portez, conservé comme une religion dans le cœur reconnaissant des Lyonnais.

Le Conseil municipal se présente à vous, Monsieur le Président, entouré de la nombreuse famille de nos Ecoles communales avides de voir l'élu de la nation, l'héritier du nom de Napoléon.

Le Conseil municipal a pensé qu'il ne pouvait vous préparer un accueil plus agréable, à vous, Monsieur le Président, qui êtes et resterez le protecteur et l'ami sincère des ouvriers.

Vos premiers pas sur le sol lyonnais, guidés par un pieux sentiment bien sympathique à notre cité religieuse, vos premiers pas vont vous conduire au temple de Dieu. Nous vous y suivrons, Monsieur le Président, et en adressant pour vous au ciel des vœux de reconnaissance, nous nous unirons à vos vœux pour le bonheur, la gloire et la prospérité de la France.

Compliment d'une députation des Ecoles primaires.

C'est aujourd'hui saint Napoléon. Les Ecoles mutuelles de Lyon saluent le Président de la République et souhaitent une bonne fête au neveu du grand empereur.

Réponse de M. le Président :

Mes enfants, je vous remercie, et je suis très-reconnaissant des marques de sympathie que vous m'accordez.

Discours de M. Reveil, maire de Lyon, au banquet donné par la ville.

Notre ville, aujourd'hui si animée par votre présence, Monsieur le Président, a été bien cruellement frappée par le mauvais génie des révolutions. Je ne parle pas de nos travaux interrompus, de la vie commerciale subitement tarie, ni des suites ruineuses qui devaient en découler; je parle de cette maladie violente qui trouble les esprits dans presque toutes les villes manufacturières, de ce principe désorganisateur qui, pour mieux faire crouler la société, détruisait, au nom de la liberté, toutes les libertés; au nom de l'industrie, toutes les industries ; au nom de la propriété, toutes les propriétés. (Applaudissements).

Oui, il a été profond ce vertige qui laissait croire à la possibilité d'une organisation sociale donnant à chacun tous les droits, n'imposant aucun devoir à personne. (Triple salve d'applaudissements). Mais la raison n'était qu'égarée. Bientôt apparurent toutes les conséquences désastreuses des doctrines prêchées ; bientôt nos ouvriers reconnurent la fausse voie dans laquelle on les entraînait; ils virent l'envieuse rivalité étrangère, amassant les débris des métiers qu'ils brisaient (applaudissements), appelant à elle les industriels qu'ils décourageaient; ils comprirent la perfidie, et ils rentrèrent dans leurs ateliers déserts. Alors aussi, Dieu aidant, car sa main est partout, le calme renaissait sur tous les points ; la volonté de votre gouvernement, s'appuyant sur la puissance qu'avait créée le 10 décembre, sut rétablir le respect des lois et le principe de l'autorité, conditions nécessaires de toute prospérité (Applaudissements).

Et depuis cette époque, notre industrie, l'une des gloires

de la France industrielle, est ranimée, notre commerce, si
favorisé par nos faciles et nombreuses communications, a
repris son mouvement, et son activité deviendra bien plus
grande encore, lorsque la sollicitude de votre gouvernement
aura ajouté la voie rapide du chemin de fer à l'amélioration
possible de nos lignes fluviales. (Assentiment).

C'est donc pour notre cité, plus peut-être que pour toute
autre, que le rétablissement de l'ordre public était nécessaire
et que son affermissement sera un bienfait. C'est donc aussi
dans notre cité que vous trouverez, Monsieur le Président,
le plus entier concours pour l'accomplissement de votre œuvre d'ordre et de stabilité, et que vous recueillerez la plus
sincère reconnaissance pour le bien que vous avez fait, pour
le bien que nous attendons de vous.

A Louis-Napoléon, président de la République ! (Longues
acclamations).

Réponse de M. le Président de la République.

Monsieur le Maire,

Que la ville de Lyon, dont vous êtes le digne interprète,
reçoive l'expression sincère de ma reconnaissance pour l'accueil sympathique qu'elle m'a fait. (Adhésion) ; mais, croyez-
le bien, je ne suis pas venu dans ces contrées où l'empereur mon oncle a laissé de si profondes traces, afin de re-
cueillir seulement des ovations et passer des revues. Le but
de mon voyage est, par ma présence d'encourager les bons,
de ramener les esprits égarés, de juger par moi-même des
sentiments et des besoins du pays (Applaudissements). La
tâche que j'ai à accomplir exige votre concours, et pour que
ce concours me soit complètement acquis, je dois vous dire
avec franchise ce que je suis et ce que je veux (Mouvement).

Je suis, non pas le représentant d'un parti, mais le représentant de deux grandes manifestations nationales qui, en
1804 comme en 1848, ont voulu sauver, par l'ordre, les grands
principes de la révolution française (Applaudissements). Fier

donc de mon origine et de mon drapeau , je leur resterai fidèle. Je serai tout entier au pays , quelque chose qu'il exige de moi : *abnégation* ou *persévérance* (Assentiment).

Des bruits de coup d'état sont peut-être venus jusqu'à vous , Messieurs, mais vous n'y avez pas ajouté foi , je vous en remercie. (Applaudissements). Les surprises et les usurpations peuvent être le rêve des partis sans appui dans la nation ; mais l'élu de six millions de suffrages exécute les volontés du peuple, il ne les trahit pas. (Tonnerre d'applaudissements). Le patriotisme, je le répète, peut consister dans l'abnégation comme dans la persévérance. (Sensation).

Devant un danger général, toute ambition personnelle doit disparaître. En ce cas, le patriotisme se reconnaît comme on reconnut la maternité dans un jugement célèbre. Vous vous souvenez de ces deux femmes réclamant le même enfant : à quel signe reconnut-on les entrailles de la véritable mère ? au renoncement à ses droits que lui arrache le péril d'une tête chérie. (Sensation prolongée).

Que les partis qui aiment la France n'oublient pas cette sublime leçon ; moi-même, s'il le faut, je m'en souviendrai. (Interruption et applaudissements). Mais, d'un autre côté, si des prétentions coupables se ranimaient et menaçaient de compromettre le repos de la France, je saurais les réduire à l'impuissance , en invoquant encore la souveraineté du Peuple ; car je ne reconnais à personne le droit de se dire son représentant plus que moi. (Applaudissements).

Ces sentiments, vous devez les comprendre ; car tout ce qui est noble, généreux, sincère, trouve de l'écho parmi les Lyonnais, votre histoire en offre d'immortels exemples. Considérez donc mes paroles comme une preuve de ma confiance et de mon estime.

Permettez-moi de porter un toast à la ville de Lyon.

Discours prononcé par notre ancien maire, M. Martin, exécuteur testamentaire du major-général son oncle, à l'occasion de la mise en liberté des détenus pour dettes.

MESSIEURS,

L'humanité nous apprend que l'hommage le plus doux et le plus flatteur aux puissants de la terre était le bien accompli en leur nom. C'est pour obéir à cette sainte inspiration, que la Commission des prisons, voulant célébrer l'arrivée dans nos murs du chef de l'Etat, consacre aujourd'hui à votre liberté les fonds de la dotation du major-général Martin. En prêtant à cette circonstance son concours aux solennités publiques, la fondation de notre généreux compatriote reçoit un nouvel éclat, et voit s'agrandir sa pieuse destination. Que le souvenir de ce beau jour reste donc gravé dans vos cœurs, et que les sentiments d'amour pour Louis-Napoléon Bonaparte, et de gratitude pour votre libérateur, s'y unissent et s'y confondent!

Allez mêler votre joie à celle de notre population, que notre Président trouve tout à la fois dans le sentiment public la récompense si méritée des immenses services qu'il a rendus au pays par sa haute intelligence, sa prudence et sa fermeté, et un encouragement dans sa grande et difficile mission. Incessamment occupé des intérêts de notre commerce et de notre industrie, le chef de l'Etat consacre ses efforts à ouvrir une large voie au travail ; soyez dignes de sa paternelle protection. Dans notre temps d'égalité, la fortune est à celui-là seul qui sait la conquérir par son activité et sa bonne conduite ; mais surtout rappelez-vous bien, messieurs, que la première condition pour réussir est la fidélité à vos engagements ; que l'épreuve que vous venez de subir vous soit un enseignement salutaire, et alors que vous allez tenter de nouveau les hasards de la fortune, ne perdez jamais de vue que le bien le plus précieux est l'estime des autres et de soi-même.

Discours de M. Vachon, bâtonnier de l'ordre des avocats, président du banquet offert au Jardin-d'Hiver au Président de la République, le 16 août 1850.

MONSIEUR LE PRÉSIDENT,

L'honneur d'être l'interprète de cette nombreuse assemblée n'aurait pas dû m'appartenir ; il revenait plus naturellement à l'un de ces hommes honorables dont les utiles travaux font tout à la fois la gloire et la richesse de notre cité.

Mais, en m'appelant à la présidence de cette réunion, véritable improvisation du cœur, MM. les commerçants ont voulu donner au barreau lyonnais une marque d'estime et d'affection. Je les en remercie pour mes confrères et pour moi.

Il est des circonstances qui font époque dans la vie d'un homme, celle d'aujourd'hui ne sortira jamais de ma mémoire. Je suis heureux et fier, M. le Président, d'avoir à vous exprimer les sentiments de reconnaissance que nous ressentons pour vous. Le commerce lyonnais n'a point oublié qu'à une autre époque, sa prospérité n'avait pu résister à de trop longues et trop cruelles commotions. Notre cité en deuil se croyait déshéritée pour toujours de cette industrie qui fait son orgueil.

Un grand homme parut porté par le vœu de la nation à la tête du consulat. Lui qui improvisait la victoire, il daigna jeter un coup-d'œil sur notre détresse. Il dit un mot, et, comme par enchantement, la prospérité reparut.

Par une coïncidence à jamais mémorable, à la suite de la révolution de Février 1848, Lyon trembla de nouveau pour son avenir commercial. Déjà nos voisins d'outre-mer se réjouissaient de nos désastres et croyaient s'enrichir de nos débris.

Vainement, de louables efforts furent tentés par le gouvernement de l'époque. Tout languissait, tout périssait. Le 10 décembre survint. Un nom illustre sortit triomphant de l'urne électorale. La confiance commença à renaître ; les capitaux reprirent leur circulation habituelle. Le commerce redevint florissant, et c'est à vous, Monsieur le Président, à votre noble et courageuse conduite, que nous devons ces bienfaits. Aussi, voyez réunis autour de vous les représentants de toutes les classes de la société lyonnaise. Ici, toutes les nuances politiques se sont effacées pour se confondre et se réunir dans les liens d'une commune affection, dont je suis sûr d'être l'organe, en disant avec toute l'effusion du cœur : *Vive Louis-Napoléon! vive le Président de la République.*

Discours de M. Colmont, pour l'inauguration de la Caisse de retraite et de Secours mutuels.

MONSIEUR LE PRÉSIDENT,

Votre présence à cette cérémonie exprime bien mieux que je ne pourrai le faire par la parole le vif intérêt que vous portez aux Caisses de Secours mutuels, et en général, à toutes les institutions de prévoyance en faveur de la classe ouvrière ; vous nous aviez déjà donné une éclatante preuve de votre sympathie en autorisant l'institution que nous inaugurons, avec un empressement, une promptitude dont il n'y a peutêtre pas d'exemple dans les précédents administratifs.

Vous avez voulu que les premiers travaux du Conseil d'administration s'ouvrissent sous vos auspices, nous vous remercions du fond de nos cœurs, Monsieur le Président, de cette nouvelle preuve de bienveillance, et nous la recevons comme un heureux présage des succès de la grande œuvre que nous commençons.

MESSIEURS,

Le Conseil des Prud'hommes, en procédant à la nomination des administrateurs de la Caisse de Secours mutuels, n'a eu que l'embarras du choix. Il a trouvé dans les listes des associés : d'un côté, des souscripteurs-fondateurs, hommes de cœur et de dévouement, qui, par leur empressement à contribuer à la fondation des Caisses de Secours, ont prouvé qu'ils s'associent dans une sage mesure, au sentiment de solidarité qui doit unir les agents d'une grande industrie ; de l'autre côté, des chefs d'atelier et ouvriers qui, par leur adhésion spontanée ont franchement accepté la réalisation de ce sentiment, dans ce qu'elle a de possible, de moral et de réellement utile. Sous de pareils auspices, et avec le concours d'administrateurs éclairés dont le zèle sera toujours à la hauteur du devoir qu'ils acceptent, nous sommes certains que la Caisse de Secours mutuels grandira, prospèrera et améliorera d'une manière sensible le sort des citoyens pour lesquels elle a été fondée.

Réponse de M. le Président de la République.

MESSIEURS,

L'institution que vous m'avez invité à inaugurer est une de celles qui doivent avoir les effets les plus salutaires sur le sort des classes laborieuses. Car je ne puis croire qu'il y ait des hommes assez pervers pour prêcher le mal en connaissance de cause. Mais lorsque les esprits sont exaltés par les bouleversements sociaux, on inculque au peuple des idées pernicieuses qui engendrent la misère. La cause de ces utopies est l'ignorance. En effet, les systèmes les plus séduisants en apparence sont trop souvent inapplicables. L'empire de la raison est insuffisant pour détruire les fausses doctrines. C'est par l'application des améliorations pratiques qu'on les combat le plus efficacement.

Les Sociétés de Secours mutuels, telles que je les comprends, ont le précieux avantage de réunir les différentes classes de la société, de faire cesser les jalousies qui peuvent exister entre elles : de neutraliser en grande partie les résultats de la misère, en faisant concourir le riche volontairement par le superflu de sa fortune, et le travailleur par le produit de ses économies à une institution où l'ouvrier laborieux trouve toujours conseil et appui.

On donne ainsi aux différentes communautés un but d'émulation ; on réconcilie les classes et on moralise les individus.

C'est donc ma ferme intention de faire tous mes efforts pour répandre sur la surface de la France des Sociétés de secours mutuels ; car, à mes yeux, ces institutions, une fois établies partout, seraient le meilleur moyen, non de résoudre des problèmes insolubles, mais de secourir les véritables souffrances, en stimulant également et la probité dans le travail, et la charité dans l'opulence. Je suis heureux de commencer par celle de Lyon où les idées philanthropiques ont un si grand retentissement. Je souhaite à votre Société la prospérité dont elle est digne, et je remercie ses fondateurs qui ont si bien mérité de leurs concitoyens.

Discours de M. Brosset, président de la Chambre de Commerce, au banquet donné M. le Président, le 16 août 1850, dans la salle de l'Hôtel-de-Ville.

MONSIEUR LE PRÉSIDENT,

La Chambre de Commerce de Lyon, au nom du Commerce et de l'Industrie dont elle est le fidèle organe, vous offre l'hommage des sentiments de reconnaissance dont elle est pénétrée pour les services que vous avez rendus à la France.

Sous votre gouvernement, Monsieur le Président, l'ordre public a été maintenu, la paix intérieure a été rétablie et la paix extérieure conservée, trois conditions indispensables, non seulement à la prospérité du Commerce et de l'Industrie, mais à leur existence même.

La nation tout entière jouit de ce bienfait, le Commerce et l'Industrie l'apprécient au plus haut degré.

Permettez-nous, Monsieur le Président, de vous exprimer quelques vœux du Commerce de Lyon : il attend, avec la plus légitime impatience, l'achèvement de la grande voie de communication de l'Océan à la Méditerranée ; il sait les efforts que votre gouvernement a faits pour l'obtenir, et il espère qu'ils seront bientôt couronnés de succès.

La prospérité de la grande industrie lyonnaise est liée au maintien et à l'extension de ses relations avec les nations étrangères ; nous espérons, Monsieur le Président, que votre gouvernement favorisera ses progrès par le développement d'une liberté commerciale progressive et sagement combinée.

A ces éléments de prospérité viendra se joindre la pratique des sentiments de bienveillance réciproque qui doivent rapprocher et unir tous les agents de l'industrie. Vous avez montré, dans une circonstance récente, M. le Président, toute votre sympathie pour les institutions qui les traduisent en fait ; forte de votre appui, la Chambre de Commerce de Lyon saisira toutes les occasions de les développer et de les populariser. Sous l'influence de ces sentiments et des actes qui en sont la conséquence, les passions se calmeront, les antipathies cesseront, et la grande famille française pourra s'élever, dans le calme et la paix, aux plus heureuses destinées.

Vive le Président de la République ! Vive Louis-Napoléon Bonaparte !

Réponse de Monsieur le Président de la République.

MESSIEURS,

Je remercie le Commerce et l'Industrie de Lyon des félicitations qu'ils m'adressent, et je donne mon entière sympathie au vœu qu'ils expriment. Rétablir l'ordre et la confiance, maintenir la paix, terminer le plus promptement possible nos grandes lignes de chemin de fer, protéger notre industrie et développer l'échange de nos produits par un système commercial, progressivement libéral, tel a été et tel sera le but constant de mes efforts. Si des résultats plus décisifs n'ont pas été obtenus, la faute, vous le savez, n'en est pas à mon gouvernement; mais, espérons-le, Messieurs, plus notre pays rentrera dans les voies régulières, plus sûrement sa prospérité renaîtra. Car il est bon de le répéter : les intérêts matériels ne grandissent que par la bonne direction des intérêts moraux ; c'est l'âme qui conduit le corps. Aussi se tromperait-il d'une manière étrange le gouvernement qui baserait sa politique sur l'avarice, l'égoïsme et la peur ! Non, c'est en protégeant libéralement les diverses branches de la richesse publique, c'est à l'étranger, en défendant hardiment nos alliés, c'est en portant haut le drapeau de la France, qu'on procurera au pays agricole, commercial, industriel, le plus de bénéfices; car ce système aura l'honneur pour base, et l'honneur est toujours le meilleur guide. *(Acclamations et applaudissements)*.

Après la lecture de ce discours, M. le Président, d'une voix émue, a ajouté :

A la veille de vous faire mes adieux, laissez-moi vous

rappeler des paroles célèbres... Non, je m'arrête... il y aurait de ma part trop d'orgueil à vous dire, comme l'empereur : « Lyonnais, je vous aime ! Mais vous me permettrez de vous dire du fond du cœur : « Lyonnais, aimez-moi ! »